Tytuł oryginału: Wichurka. Opowieści o piesku, który rozwiewa troski

Autor: Anna Wagner

© Copyright by Anna Wagner, 2024

Wszystkie prawa zastrzeżone.

Opracowanie graficzne: Anna Wagner

Grafiki stworzone przy użyciu generatora AI na licencji Canva

Wichurka

Opowieści o piesku, który rozwiewa troski

Wszystkim psom, kotom, królikom, chomikom, ptakom i innym wspaniałym zwierzętom, które codziennie wnoszą radość i magię do naszego życia, a także uczą nas bezgranicznie kochać.

Kolorowy wir

Dawno, dawno temu, to znaczy w zeszły czwartek, w odległej krainie, oddalonej mniej więcej o godzinę drogi od Ciebie, drogi czytelniku, mieszkała suczka imieniem Wichurka. Ta mała rezolutna psinka, o krótkich łapkach i radosnym pyszczku, miała sierść białą jak świeży śnieg, a oczka czarne jak dwa węgielki. Wichurka najbardziej na świecie kochała swoją panią i pana, a pani i pan najbardziej na świecie kochali swojego pieseczka.

Wichurka nie była zwykłym pieskiem, miała bowiem wyjątkowy talent – potrafiła każdą czynność zamienić w kolorowy kalejdoskop zabawy, wprawiając wszystko wokół w szalony wir harców! Suczka uwielbiała gonić za własnym ogonkiem, kręcąc kółka tak szybko, że jej łapki prawie nie dotykały ziemi.

Pewnego dnia, gdy pani i pan wyszli kupić dla niej psie przysmaczki, Wichurka zaczęła marzyć o pysznych kąskach. Może dostanie twarożek, który tak bardzo lubi? A może pan przyniesie jej pęto kiełbasy? Albo chociaż paróweczkę, albo biszkopcika? Na samą myśl o jedzeniu ślinka ciekła jej po brodzie. „Nie mogę tak stać i rozmyślać o obiadku, bo zaraz będę po brzuszek w kałuży. Najlepiej zrobię, jeżeli od razu rozładuję energię zabawą!" - pomyślała. A musicie wiedzieć, że Wichurka nie różniła się pod tym względem od swoich czworonożnych kolegów i koleżanek. Kiedy się cieszyła to tak bardzo, że jej ciałko przechodziły dreszcze ekscytacji, a łapki nie potrafiły ustać w miejscu.

Suczka zaczęła gonić swój ogonek, ale im szybciej biegła, tym bardziej przypominał on jej przepyszny serdelek! Biegła coraz szybciej i szybciej, aż jej łapki prawie już nie dotykały podłogi, ale za każdym razem ogonek uciekał przed jej ząbkami. W pewnym momencie rozpędziła się tak szybko, że stworzyła małą trąbę powietrzną, na tyle potężną jednak, by porwać piłeczki leżące do niedawna spokojnie w koszyku nieopodal. Pokój zamienił się w wirujący, kolorowy kalejdoskop, a Wichurka nie mogła być bardziej zachwycona tą niespodziewaną zmianą. Pokój był teraz pełen piłeczek, które nadal tańczyły wokół, a psinka, radosna i pełna energii, bawiła się na całego.

Niespodziewanie otworzyły się drzwi do domu. Stanęła w nich pani i zamarła z wrażenia. Pokój wyglądał jak po wybuchu bomby z kolorowymi kulkami! Wichurka, z ogonem merdającym niczym chorągiewka, goniła za piłeczkami, a radosne poszczekiwanie rozbrzmiewało echem w całym domu. Pani Wichurki nie mogła powstrzymać się od śmiechu.

- Widzę, że postanowiłaś dodać trochę koloru do tego wnętrza - powiedziała, uchylając się przed kolejną, lecącą w jej stronę piłeczką.

- Wichurciu, kupiłem Ci wielkie pęto kiełbasy – powiedział pan, który w tym momencie wszedł do domu i zamarł, widząc jak zmienił się pokój.

Nie miał czasu jednak przyjrzeć się pomieszczeniu, bo Wichurka tak bardzo się ucieszyła na widok pani, pana i kiełbasy, że zaczęła gonić swój ogonek z jeszcze większym zapałem.

Senne marzenie

Pewnego leniwego popołudnia, gdy pan postanowił uciąć sobie drzemkę na kanapie, Wichurka od razu zwęszyła okazję i zdecydowała się również do niego dołączyć. Wskoczyła na sofę i ułożyła się wygodnie w jego nogach. Suczka uwielbiała spać blisko swojego państwa! Czuła się wtedy bezpieczna i kochana, a do tego zawsze mogła liczyć na odrobinę miejsca pod ciepłym kocykiem. Wtulając się w swojego ukochanego człowieka, zapadła w głęboki sen.

W swoim sennym marzeniu, Wichurka znalazła się na leśnej polanie, a wokół niej latały kolorowe motyle. Suczka oczarowana wodziła wzrokiem za tymi barwnymi stworzeniami. Nagle coś błysnęło na pobliskim drzewie! Podniosła pyszczek i dostrzegła, że coś się tam porusza. Wytężyła wzrok, ale nadal nie była pewna, na co patrzy. Podeszła pod sosnę, wyciągnęła się na dwóch łapkach, żeby lepiej widzieć, i próbowała dostrzec, co też za nieśmiałe stworzenie się tam przed nią skrywa. Czy to… ruda kita? O nieba, to wiewiórka! Zachwycona, postanowiła się z nią zaprzyjaźnić!

Tylko jak się do tego zabrać? Dwa zaciekawione, lśniące oczka patrzyły co prawda na Wichurkę z wysokości, ale wcale nie miały ochoty schodzić na dół.

- Nie bój się, chcę się tylko z tobą pobawić! – krzyknęła w kierunku korony drzewa sunia. Wiewiórka, uspokojona przyjaznym tonem Wichurki, nieco się przybliżyła, ale nadal trzymała

się na dystans. „Trzeba pójść na kompromis" – pomyślał piesek.

- No dobra, skoro ty nie chcesz zejść do mnie, to ja przyjdę do ciebie! - szczeknęła. Jak pomyślała, tak też zrobiła... A właściwie próbowała zrobić. Niestety, jej ciałko nie było przystosowane do wspinania się po pniach. Wichurka skakała, ile miała sił w łapkach i próbowała wbijać pazurki w korę, ale za każdym razem z impetem spadała na trawę!

„Nic nie szkodzi! Znajdę sposób!" – Wichurka nie poddawała się łatwo. „Pójdę po pana, żeby mnie podsadził", pomyślała, bo jej nosek podpowiadał jej, że ten jest gdzieś blisko. Zaczęła więc gonić po polanie, ujadając głośno, podekscytowana na spotkanie.

Niestety, Wichurka tak zaangażowała się w szukanie pana na leśnej polanie w swoim śnie, że w realnym świecie zaczęła wierzgać i machać łapkami z taką szybkością, jakby wcale nie spała teraz na kanapie. W rezultacie pan został wystrzelony z łóżka niczym rakieta i wylądował na podłodze z głośnym hukiem.

Pan próbował rozprostować nogi, aby wstać, ale… nie miał w nich czucia! Wichurka podczas snu wtuliła się w niego tak mocno, że nie mógł się poruszyć i w rezultacie połowa jego ciała zwyczajnie zdrętwiała. Sunia, niczego nieświadoma, nadal poburkiwała przez sen i drżała z ekscytacji. Pan natomiast, obolały i zdezorientowany, próbował zebrać się z podłogi, nie mogąc uwierzyć w to, co się właśnie wydarzyło.

Pani, zaniepokojona hałasem dobiegającym z salonu, od razu przybiegła i zastała komiczną scenkę. Na widok Wichurki, śniącej z uśmiechem na pyszczku, i pana, masującego obolałe plecy na dywanie nieopodal, od razu zrozumiała, co się stało. Wybuchnęła głośnym śmiechem, który przebudził pieska.

Wichurka otworzyła jedno oczko, ziewnęła ospale i popatrzyła na pana z wyrzutem.

- Ja Cię szukam, żeby Ci pokazać wiewiórkę, a Ty przede mną uciekasz! – burknęła, widząc, że pana nie ma obok, a zamiast tego stoi przy stole i wciera sobie rozgrzewającą maść w plecy.

- Och, Wichurciu, ty jesteś prawdziwą królową kanapy - zaśmiała się pani – zdetronizowałaś nawet pana!

Wichurka merdnęła radośnie ogonkiem, nieświadoma komicznej sceny, której była bohaterką.

Tango na cztery łapki

Pewnego dłużącego się niemiłosiernie popołudnia Wichurka czekała w domu na powrót swojej pani. Niczym pies-detektyw na tropie zaginionego smakołyka, nasłuchiwania każdego dźwięku świadczącego o zbliżającej się obecności pani. Suczka zawsze bardzo tęskniła, gdy któryś z domowników opuszczał dom, ale radość z ich powrotu sprawiała, że każde rozstanie było warte oczekiwania. Nie inaczej było i tym razem. Czujne uszka, zwrócone w kierunku drzwi, uważnie śledziły dźwięki zbliżających się kroków. Już na sam dźwięk kluczy w zamku jej ogonek zaczął machać we wszystkie strony niczym szalony wiatrak na wichurze.

Gdy drzwi wreszcie się uchyliły, sunia wystrzeliła niczym rakieta, gotowa do powitalnego huraganu. Radość buzowała w psiej duszy! Gdy pani weszła do domu, Wichurka wpadła w wir ekstazy. Piesek, z ogonem podniesionym do góry, zaczął machać łapkami w rytm radosnego szaleństwa. Wyglądał przy tym jak mały niedźwiadek, który szykuje się do wspinaczki na drzewo po miodek. Wichurka zaczęła się kręcić i podskakiwać, jakby chciała pokazać, jak bardzo tęskniła za panią. Jeszcze nigdy nie czuła takiego szczęścia!

Nim się zorientowała, jej ruchy przestały przypominać chaotyczne skakanie obok drzwi, a zaczęły wyglądać jak... taniec! Nie był to jednak zwykły taniec, ale prawdziwe show niczym na Broadwayu! Skakała na dwóch łapkach z gracją baletnicy, a jej ogon wywijał piruety niczym szalony

pędzel malarza. Była to symfonia radości wypowiedziana w psim języku.

To było tak intrygujące i zabawne widowisko, że pani zareagowała śmiechem. Zdolna i zwinna, Wichurka stawiała kroki w takt muzyki, która grała wyłącznie w jej własnej głowie. Jej ogon tańczył w rytm podskoków, tworząc własny, niepowtarzalny układ choreograficzny.

Pani była oczarowana tym nieoczekiwanym spektaklem. Wichurka, zwykle energiczna i pełna wigoru, teraz przedstawiała prawdziwą lekcję tańca na dwóch łapkach. Jej występ był pełen gracji, a jednocześnie niewymuszony i naturalny, emanujący prawdziwą radością. Piesek, nie bacząc na wszystko dookoła, skakał i tańczył, aż ziemia drżała od jego entuzjazmu.

To było widowisko, które na długo zapadło w pamięć nie tylko pani, ale i wszystkim domownikom, którzy nie mogli oderwać wzroku od tego psiego baletu. Każde pojawienie się pani w domu było teraz jak premiera w teatrze, a rola

Wichurki była zawsze gwarantem wybuchu śmiechu i radości.

I tak, taniec Wichurki stał się nie tylko powitaniem, ale i tradycją domową. Bo czasem to właśnie w najmniejszych gestach i najbardziej szalonych popisach naszych pupili tkwi prawdziwa magia rodzinnego życia.

Wizyta w błotnym spa

Wichurka, jak zapewne pamiętasz, drogi czytelniku, najczęściej była suczką o białym umaszczeniu, na tle którego figlarnie połyskiwały czarne jak węgielki oczka. Jej lśniąca, puszysta sierść przypominała śnieżną kulę, a radosny ogonek merdał niczym chorągiewka na wietrze. Wichurka uwielbiała psocić i bawić się, a jej pocieszne usposobienie sprawiało, że każdy dzień był pełen niespodzianek.

Pewnego słonecznego popołudnia Wichurka dostrzegła uchylone drzwi prowadzące do ogrodu.

W jej oczach błysnął łobuzerski ognik. Nie mogła oprzeć się pokusie i z impetem wpadła do zielonego raju.

Ogród zachwycał kolorowymi kwiatami, krzewami pełnymi owoców i zacienionymi zakamarkami. Sunia z radością podbiegła do pierwszego krzewu, na którym dostrzegła małe, różowe kuleczki. Próbowała je pochwycić, ale znajdowały się ponad jej pyszczkiem. Postanowiła podskoczyć i... cała wpadła w krzak, ochlapując się sokiem z dojrzałych malin! Jej śnieżnobiała sierść nabrała różowego odcienia, a ona sama parsknęła śmiechem.

„Pani mówiła, że plamy z owoców ciężko się spierają" - przypomniała sobie psinka. Trzeba coś zaradzić, póki sok nie zasechł! Tylko co? „Muszę szybko znaleźć wodę, żebym już na zawsze nie została różowa!" - dedukowała sunia.

Niestety, jak na złość, nigdzie nie było ani śladu kałuży. Było za to... błoto! „Przecież to woda

z piaskiem" - myślała Wichurka - „wykąpię się i zrobię peeling za jednym zamachem". Wpadła do kałuży, turlając się w niej niczym mały, różowy prosiaczek. Błoto oblepiło jej sierść, tworząc fantazyjne wzory, a ona machała ogonkiem, kreując abstrakcyjne malowidła na trawniku.

Gdy Wichurka zmęczyła się zabawą, z dumą wróciła do domu. Wyglądała jak mały, bury hipopotam, a z jej pyszczka wystawały liście i źdźbła trawy. Po soku z malin nie został nawet ślad! Na widok swojej ukochanej pani Wichura merdnęła ogonem, a błoto z jej sierści rozprysnęło się na wszystkie strony.

Pani Wichurki, choć zaskoczona, nie mogła powstrzymać się od śmiechu.

- Cóż, Wichurciu, widzę, że odwiedziłaś dzisiaj spa! Błotne kąpiele są odżywcze dla cery – powiedziała, wycierając błoto z twarzy.

Wichurka uśmiechnęła się łobuzersko. Wiedziała, że pani ją kocha, bez względu na to, jaki ma kolor. A poza tym, zabawa w błocie była taka przyjemna! Nawet jeśli skończyła się plamami na suficie i ubraniach pani.

- Mamusiu, zobacz! Jestem psem-kameleonem! – powiedziała Wichurka.

- Och, Wichurko, ty jesteś nie tylko kameleonem, ale i małym łobuziakiem! I chyba będziesz potrzebować kąpieli... w wannie!

Wichurka w kąpieli

Pani Wichurki uznała, że nadszedł czas na... kąpiel. Katastrofa! Chyba nie ma na świecie rzeczy, której sunia aż tak by unikała! Nie po to przecież z zapałem tarzała się w błocie i zbierała wszystkie cudowne zapachy z okolicy, żeby teraz ten cały aromat uleciał jak kamfora. Na samą myśl o niepowetowanej stracie, która ją czeka, jej ogon, niczym chorągiewka na silnym wietrze, opadł smutno na bok. Wizja kąpieli nie napawała jej optymizmem.

Pan Wichurki, zdawał się nie zauważać cierpienia pieska. Nawet smutne spojrzenie suczki, zazwyczaj tak niezawodne, nie zdołało go przekonać do zmiany zdania. Niczym doświadczony strateg przygotował łazienkę jak na pole bitwy. Napełnił wannę ciepłą wodą, naszykował ręcznik i gąbkę, a nawet wyjął tajną broń – szampon dla psów o zapachu kokosa. „Wszystko w zasięgu ręki" - myślała Wichurka, obserwując przygotowania do kąpieli zza drzwi - „Jak już znajdę się w wannie, to nie będę miała szansy na ucieczkę. Trzeba działać szybko!". I zaczęła uciekać po całym domu, szukając schronienia. Najpierw weszła pod łóżko, ale stwierdziła, że pani może ją tam z łatwością dosięgnąć. Gdzie by tu się schować? Weszła za firankę, ale wystawał jej ogonek. Wreszcie wlazła do kosza na pranie. To by była idealna kryjówka, gdyby tylko zdołała szybko zakopać się w stercie ubrań! Niestety pani Wichurki okazała się szybsza i pochwyciła ją w ramiona, nim sunia zdążyła całkowicie zniknąć pod kupką prania.

Wichurka protestowała z całych sił. Piski, skomlenia i próby ucieczki nic jednak nie dawały. Pani i tak umieściła ją w wannie! Wichurka, zanurzona w ciepłej wodzie, parskała i prychała niczym mały gejzer. Szum wody i mydła mieszał się z jej piskami, tworząc kakofonię dźwięków.

Początkowo Wichurka próbowała uciekać, drapiąc wannę i wychylając się z niej tak mocno, że takiej sztuczki nie powstydziłby się zawodowy akrobata cyrkowy. Jednak szybko zdała sobie sprawę, że znalazła się w potrzasku. Skoro tak to zostało tylko jedno wyjście! „Muszę wychlapać całą wodę z wanny", postanowiła. Z determinacją w oczach zaczęła ochlapywać ściany i podłogę. Woda rozbryzgiwała się na wszystkie strony, tworząc małe jeziorko wokół wanny.

Niespodziewanie ciepło wody i przyjemny zapach piany sprawiły, że kąpiel stała się znośna, a nawet... przyjemna. Pieskowi tak spodobało się brykanie w wodzie, że zapomniał się smucić i złościć. Pani przyniosła stateczek, który można było nakręcić i próbować złapać w zęby, kiedy

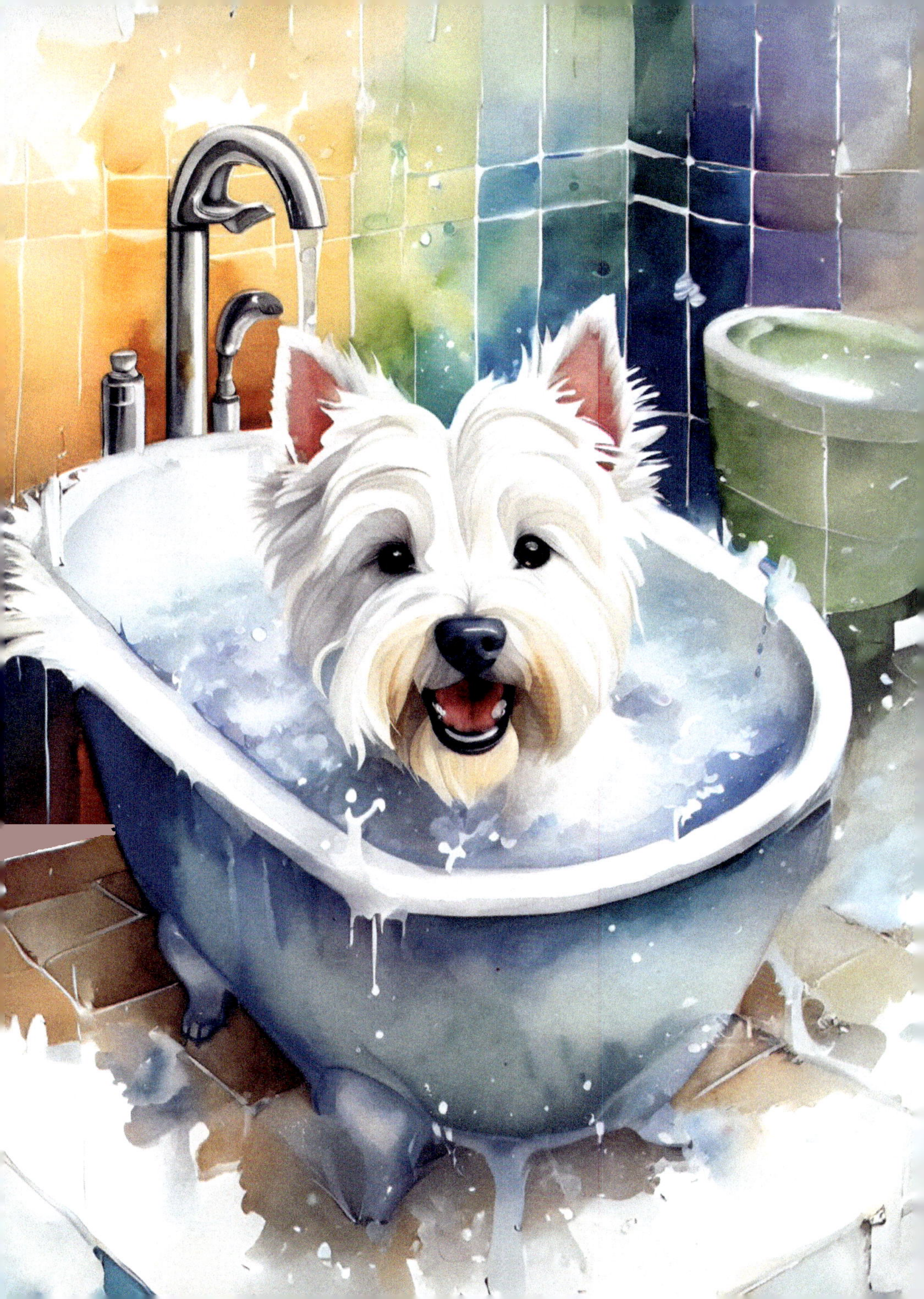

odpływał, a pan nalał szamponu do wody, a z kokosowej piany zrobił brodę najpierw sobie, a potem pieskowi. Nagle piany zrobiło się tyle, że zaczęła się odrywać od tafli wody i całe pomieszczenie zapełniły mieniące się tęczą bańki!

Wichurka, zdziwiona i rozbawiona, pluskała w wannie, obserwując ten niezwykły kalejdoskop. Jedna z baniek podleciała do pani i usiadła jej na nosie, przez co pan dostał takich spazmów śmiechu na ten widok, że poślizgnął się na podłodze w kałuży, którą wcześniej wylała Wichurka.

- Kochanie, pora wychodzić. Jesteś już śnieżnobiała! – powiedziała pani i zaczęła wycierać pieska ręcznikiem.

„I jak tu lubić kąpiele" - pomyślała Wichurka - „Ledwo piesek zacznie się dobrze bawić, a już mu każą wychodzić z wanny!".

Nosek

Wichurka była rezolutną i ciekawą świata psinką, która nie wahała się nigdy poznawać otaczającego ją świata. A ten był wspaniały! Uwielbiała wychodzić na zewnątrz i obserwować ptaszki albo sprawdzać, czy kotka sąsiadów nie chowa się pod ławką i nie wyleguje w słońcu. Czasem pani ukrywała w różnych zakamarkach domu i ogrodu pyszne smaczki, które piesek potem ze smakiem odnajdywał. To była chyba jedna z ulubionych zabaw suni, bo przy okazji można było sobie trochę podjeść przed obiadkiem. Wichurka potrafiła sama zająć sobie czas - zrzucać piłeczki ze schodów albo niuchać co też kryje się w torbach z zakupami. Dla pieska, który tak bardzo kochał dobrą zabawę, wymyślenie kolejnych psot nie było żadnym wyzwaniem! Ale Wichurka najbardziej na świecie kochała swoją panią i swojego pana i wiedziała również, że żadna zabawa nie jest tak wspaniała, jak mogłaby być, jeśli jej państwo nie uczestniczą razem z nią w harcach.

Sunia była odważna i towarzyska, niczym mały rycerz gotowy do obrony tych, których kochała. Choć uwielbiała eksplorować okolicę, nie lubiła spędzać czasu samotnie. W końcu była psim pieszczochem i kochała drapanie za uszkiem. Jej pani i pan bardzo się o nią troszczyli, a ona chciała również zadbać o nich.

Pewnego razu zdarzyło się coś wyjątkowego. Gdy Wichurka przygotowywała się do jednej z niezliczonych drzemek, które ucinała sobie w ciągu dnia, zauważyła, że coś się zmieniło. Jej nos, zazwyczaj wierny kompan w poszukiwaniach smakołyków i tropieniu zapachów, zaczął wydawać dziwne dźwięki. Był to delikatny szelest, niczym cichy szept, który tylko ona mogła usłyszeć.

Wichurka była zaintrygowana. Zaczęła wąchać powietrze, a nos, jakby ożywiony, reagował na każdy zapach w okolicy. Zdawał się pracować niezależnie, jak małe stworzenie o własnym życiu. Wichurka, zdezorientowana i zaintrygowana, przeciągnęła nosek przez różne zakamarki pokoju, a ten donosił jej o najbardziej kuszących aromatach. Zawsze bała się oddalać od państwa, chcąc mieć ich na oku i dbać o ich bezpieczeństwo. Ale tego dnia jej czarny jak węgielek nosek zaczął działać niczym magiczny radar! Był zawsze na posterunku, gotowy donieść o każdej nowości. Wichurka poczuła się pewniejsza siebie. Nos podsuwał jej informacje o tym, co robią pani i pan, nawet gdy była bardzo daleko.

Wkrótce sunia odkryła też, że jej wibrujący towarzysz wyczuwa nawet najsubtelniejsze aromaty jedzenia. Gdy pani gotowała coś pysznego, Wichurka wiedziała o tym nawet z najdalszego

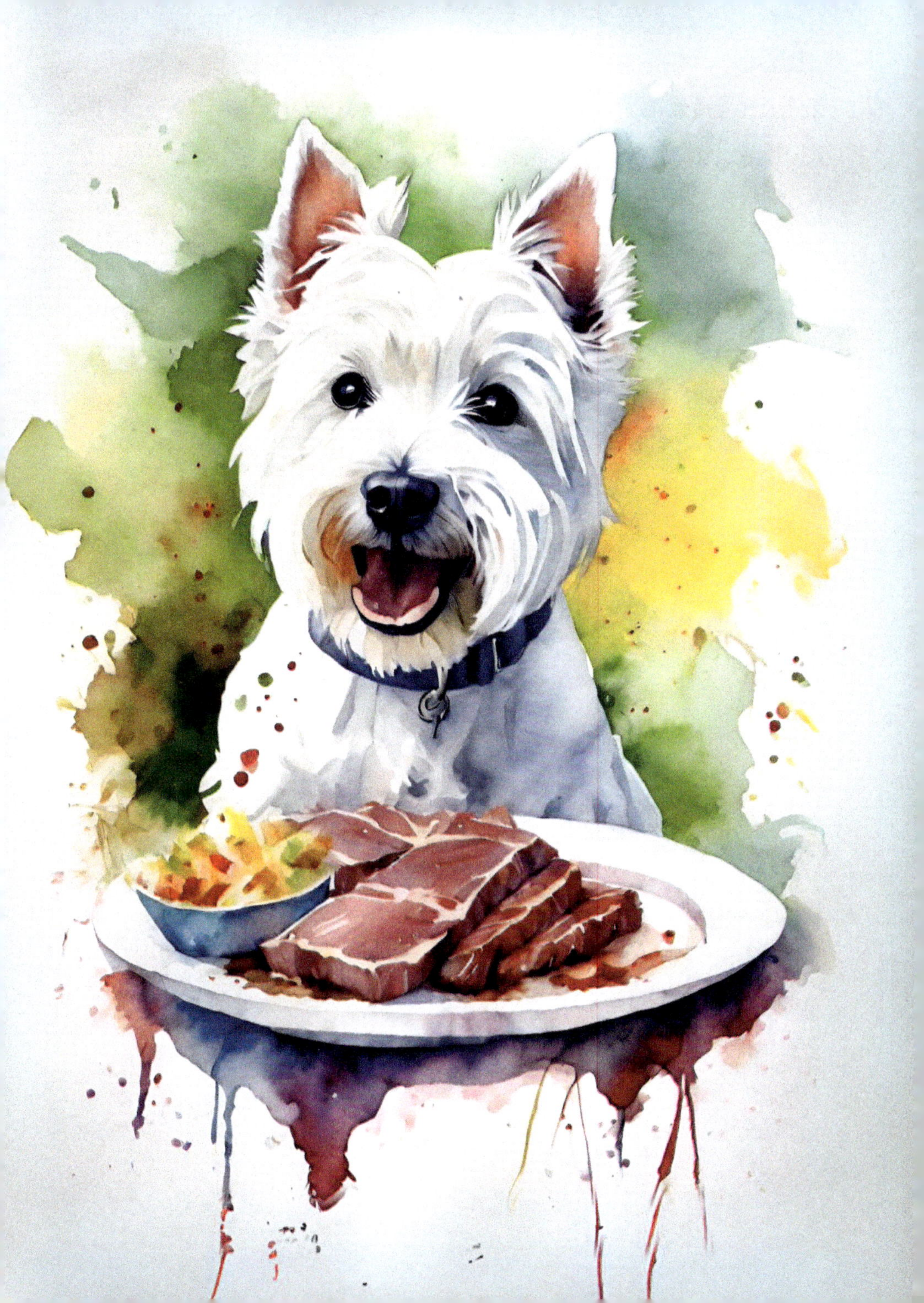

zakamarka ogrodu. Gdy tylko wyczuwała zapach kiełbaski, wiedziała, że nadchodzi prawdziwa uczta. Nos stał się nie tylko narzędziem do eksploracji, ale także sposobem na bycie w centrum wydarzeń.

Wichurka, z dumą unosząc nos, śmiała się w sercu, bo teraz była nie tylko pieskiem rodzinnym, ale także niezastąpionym tropicielem aromatów i stróżem kulinarnej rozkoszy. Chociaż mogła już oddalać się od państwa bez obawy o nich, straciła do tego chęć! Okazało się bowiem, że pan jest wielkim łakomczuszkiem i trzymając się blisko niego można było posmakować naprawdę pysznych rzeczy!

Koniec wakacji

Latem pani często zabierała Wichurkę na plażę nad pobliskie jezioro. Suczka uwielbiała tam chadzać: mogła gonić fale, kopać dołki w piasku i pływać z innymi pieskami. Czasem, kiedy dzień był wyjątkowo ładny, pani zabierała wielką, dmuchaną piłkę, którą rzucała suni, a nawet kupowała dla obu lody śmietankowe. Wichurka uwielbiała takie chwile! Ale lato powoli dobiegało końca, a to oznaczało, że harce nad jeziorem będą musiały poczekać aż do następnego roku...

"Och, co to był za wspaniały dzień! Przykro, że lato już się kończy..." - myślała Wichurka wracając do domu znad jeziorka - „Jaka by to była niepowetowana szkoda, żeby przez całą jesień i zimę nie móc znowu bawić się w piasku". Ale co można na to poradzić? Nawet tak sprytny piesek nie zdoła przecież powstrzymać biegu natury. Trzeba wracać do domu i wygrzać się pod kocykiem, bo wieczory robią się już chłodne.

- Wichurciu! Równie dobrze mogłabyś się nazywać Burza Piaskowa! – powiedział pan sięgając po zmiotkę i zamiatając piasek, który Wichurka zdążyła już rozsypać po całym przedpokoju.

Rzeczywiście! Piasek sypał się z niej na wszystkie strony, tworząc miniaturowe wydmy pod jej brzuszkiem, i unosił po całym pomieszczeniu, kiedy tylko Wichurka tuptała łapkami. Piasek! Przecież to idealny sposób na przedłużenie lata!

Gdy pani Wichurki poszła do garażu schować akcesoria plażowe do pudełka, gdzie będą czekały aż do następnego lata, Wichurka zakradła się za

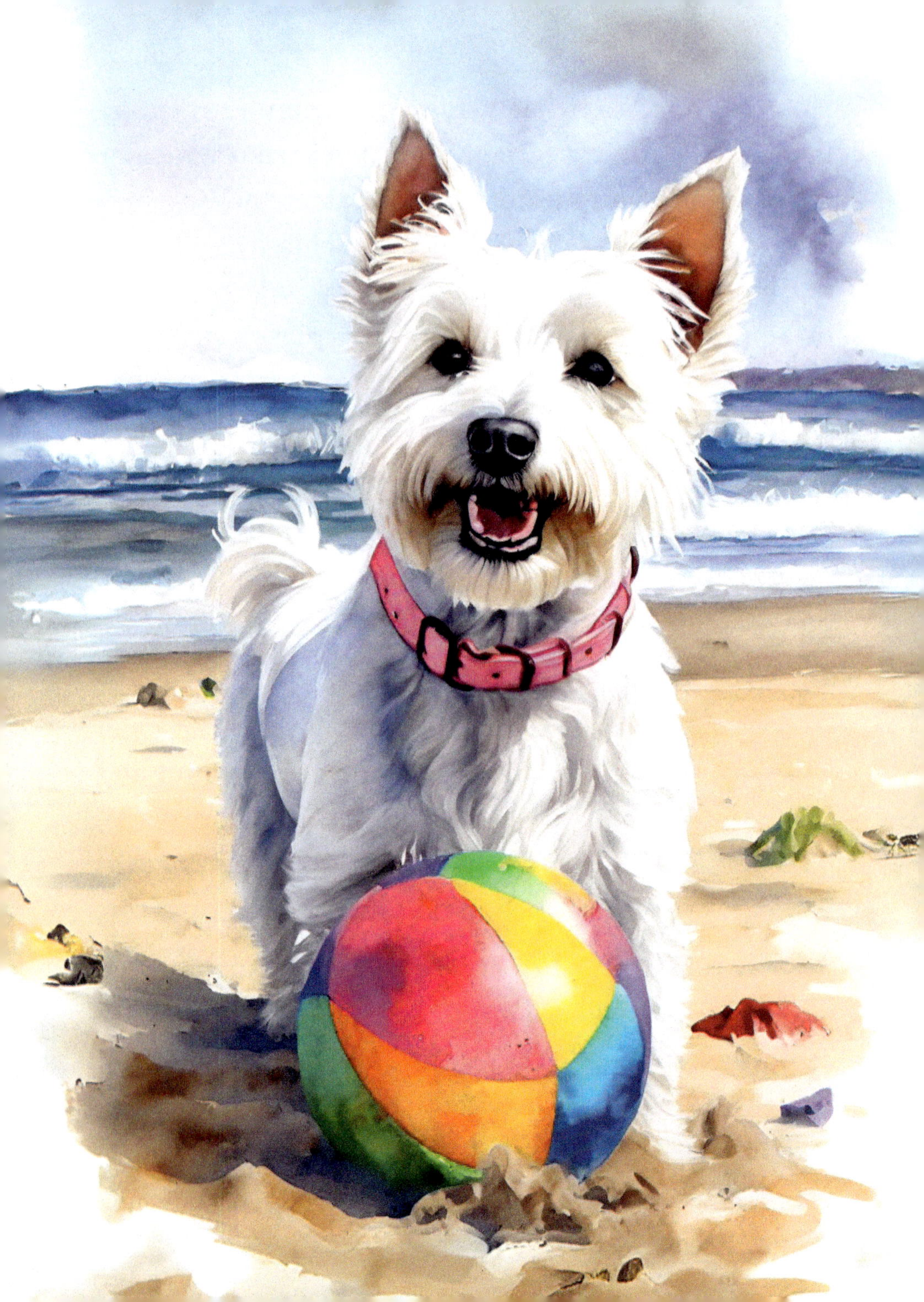

nią. Niespostrzeżenie pochwyciła starą płachtę i zaciągnęła ją na taras. Była to w rzeczywistości bardziej oranżeria – przestrzeń obudowana szklanymi drzwiami, które w upalne dni można było otworzyć na oścież, zacierając granice między domem a ogrodem. Zimą zaś, kiedy wszystkie okna były szczelnie zamknięte, miało się wrażenie, że siedzi się na zewnątrz, choć w pomieszczeniu panowało przyjemne ciepło. Wichurka ułożyła zdobyty skarb delikatnie w najdalszym rogu tarasu, gdzie pani poustawiała doniczki z ziołami. Kąt pachniał ziemią i bujną roślinnością. Pozwalał mieć oko na cały ogród i patrzeć czy czarna kotka sąsiadów nie przyszła w gości, a jednocześnie zapewniał przytulność. Wichurka stanęła na płachcie i zaczęła się z całej siły trzepać.

"To będzie moja własna plaża!" - pomyślała, z dumą spoglądając na swoje dzieło. Pod jej brzuszkiem i obok łapek pojawiło się kilka wydm usypanych z piasku, który do tej pory krył się w jej podszerstku.

Gdy pani Wichurki skończyła porządki w garażu, zastała sunię leżącą na "plaży" i bawiącą się w najlepsze.

- Co ty tu wymyśliłaś, łobuzie? - spytała ze śmiechem. Wichurka zamerdała ogonkiem i pokazała pani, jak zaaranżowała przestrzeń, szczekając przy tym radośnie.

- Już dawno chciałam udekorować ten taras, ale chyba brakowało mi inspiracji – zaśmiała się pani – Twój pomysł bardzo mi się podoba.

Następnego dnia pani Wichurki zabrała się do pracy. Z pomocą pana rozwiesiła kolorowe lampki na ścianach, a pod sufitem powiesiła girlandę białych, które wieczorem przypominały rozgwieżdżone niebo. Świece i lampiony dodawały przytulnego blasku, a miękki dywan i wygodne leżaki zachęcały do relaksu. W kącie tarasu pani stworzyła miniaturowy ogródek z piaskiem, w którym Wichurka mogła kopać dołki i bawić się do woli. Posadziła tam też kilka kwitnących roślin, które przyciągały motyle i pszczoły. Sunia z zachwytem obwąchiwała wszystkie nowe dekoracje. Najbardziej jednak spodobał jej się fotel, przy którym pani postawiła mały stoliczek na książki i lampkę. Na fotelu leżał kocyk, który gwarantował ciepło w chłodniejsze wieczory, ale również miękkość i wygodę do drzemek w słońcu.

Wichurka uwielbiała swój nowy kąt i spędzała w nim mnóstwo czasu. Nie mogła wymarzyć sobie lepszej plaży! Po radosnej zabawie lubiła kłaść się obok pani i pana na leżaku i drzemać słodko.

Pewnego razu suczka tak mocno wtuliła się w pana, że ten omal nie spadł z leżaka! Na szczęście nic mu się nie stało, a Wichurka tylko merdała ogonkiem, śmiejąc się do rozpuku.

- Widzisz, Wichurciu, chciałaś mieć plażę do zabawy, a wychodzi na to, że będziemy musieli pomyśleć o jeszcze jednym leżaku, żebyśmy wszyscy się pomieścili – powiedział pan, podpierając się nogą o podłogę, żeby nie spaść.

- Nie! – zaprotestowała Wichurka - Następnym razem, kiedy spotkam wiewiórkę na drzewie, musisz być przy mnie!

Bez sensu leżeć samotnie na leżaku, jeżeli nie można wcisnąć się między lewe kolano a prawe ramię pana dokładnie tak, żeby nie mógł się już poruszyć. Jak ten pan niewiele rozumie!

Poszukiwania zaginionej piłeczki

Pewnego dnia Wichurka obudziła się pełna energii, gotowa na poranną sesję zabawy. W jej psich myślach roiło się od szalonych gonitw za piłeczką i aportowania z panem. Ale gdzież ta piłeczka?! Zniknęła niczym kamfora! Wichurka nie widziała swojej ulubionej zabawki już od tygodnia...

Suczka, niczym detektyw na czterech łapach, rozpoczęła skrupulatne poszukiwania. Najpierw sprawdziła swój kącik spania. Zajrzała pod łóżko, przeczesując każdy centymetr, sprawdzając, czy piłeczka nie schowała się w najciemniejszym zakamarku. Jednak wszystko, co zdołała dostrzec, to kurz i kilka zgubionych smakołyków. Następnie przeszła do kosza z zabawkami. Zgrabnie wydobyła jedną po drugiej, rzucając na nie okiem. Szukała nawet pod kocem, w którym uwielbiała się schować. I nic! Po piłeczce nie było nawet śladu.

Zaniepokojenie Wichurki rosło. Jej ogon, merdający zwykle na wszystkie strony niczym wesoły wiatrak, opadł smutno na ziemię. Nos detektywa węszył wszędzie, szukając śladów zaginionej zabawki.

Salon i kuchnia zostały poddane dokładnej inspekcji. Pod stołami, za kanapą, w każdym zakamarku - piłeczka jakby zapadła się pod ziemię. Zajrzała pod kilka doniczek, a w jednej, największej, wykopała nawet dziurę. Na próżno... Wichurka coraz bardziej traciła nadzieję.

Nagle, kątem oka, dostrzegła coś pod kanapą. Mały cień, ledwo widoczny w mroku. Sunia, niczym detektyw podążający za tropem, wtoczyła się pod mebel. I oto, oczom jej ukazał się prawdziwy skarb!

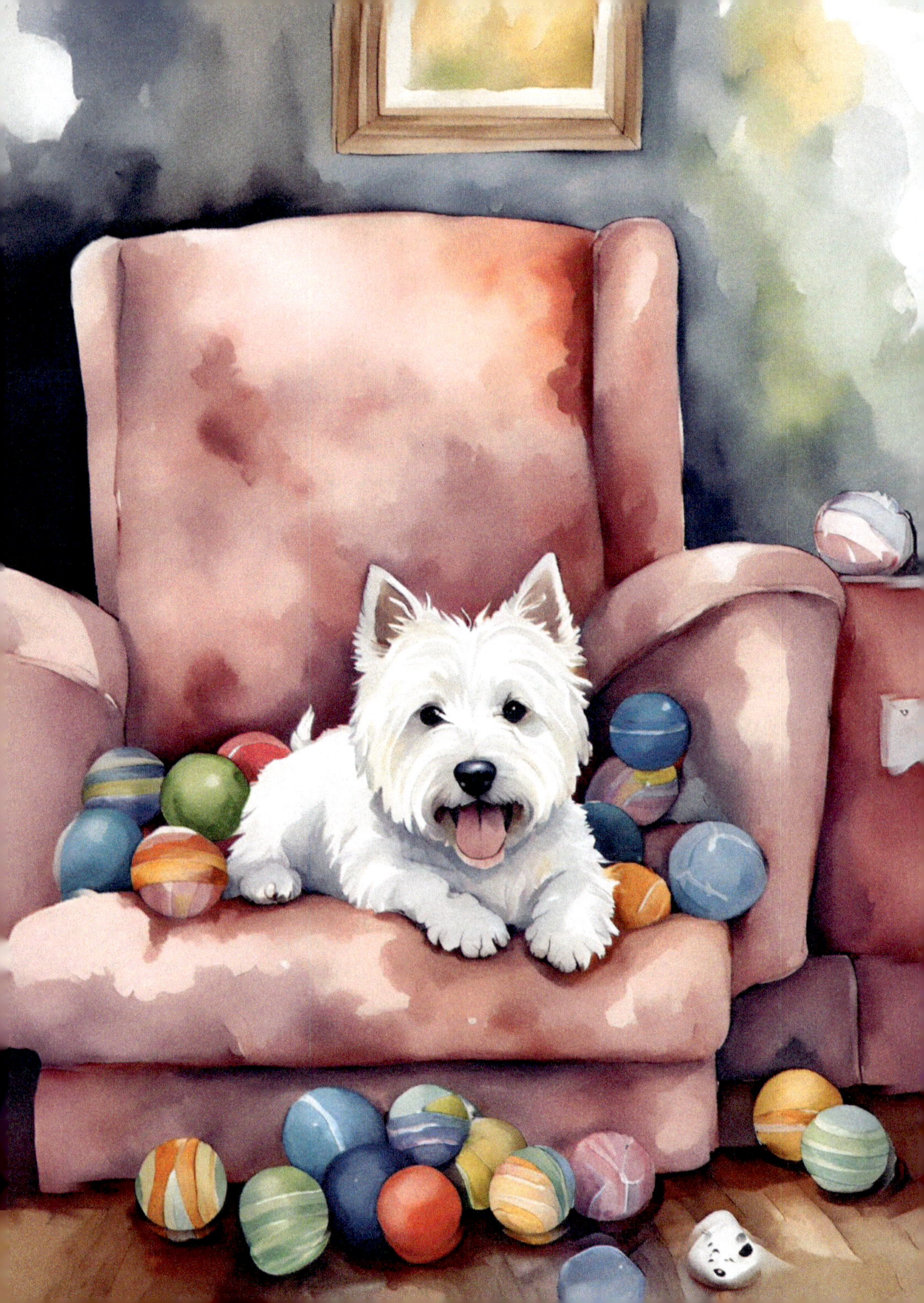

Cała armia zaginionych zabawek - piłeczka, której szukała od rana, a obok niej pięć innych, zapomnianych. A do tego pluszaki, gumowe kości, gryzak i dwa szarpaki - wszystko, co zniknęło w tajemniczy sposób, teraz odnalazło się pod kanapą!

Wichurka triumfująco wysunęła się spod mebla, trzymając w pysku ukochaną piłeczkę. Radość rozpierała ją niczym balon. Szczęśliwy szczek wypełnił cały pokój, a ogon znowu machał pieskowi jak szalony.

W międzyczasie pan i pani pojawili się w drzwiach salonu, zdziwieni widokiem zorganizowanego składu zabawek, które Wichurka zaczęła wyciągać spod kanapy. Z triumfalnym uśmiechem na pyszczku, sunia rzuciła piłeczkę w stronę pana, gotowa do kolejnej rundy zabawy. Wszystko wróciło do normy, a Wichurka, uradowana i bogatsza o nowe odkrycie, wiedziała, że pod kanapą może czaić się jeszcze wiele tajemnic do odkrycia.

Babcia

Wichurka, suczka o imieniu niczym potężna siła natury, od rana przeczuwała, że szykuje się coś niezwykłego. Już od kilku godzin obserwowała podejrzane manewry swojej pani. Tajemnicze pakowanie torby, dziwne szepty z panem... Coś było na rzeczy!

Wichurka musiała się dowiedzieć, co też się kryje za tym niecodziennym zachowaniem. Dokładnie obniuchała więc każde ubranie lądujące

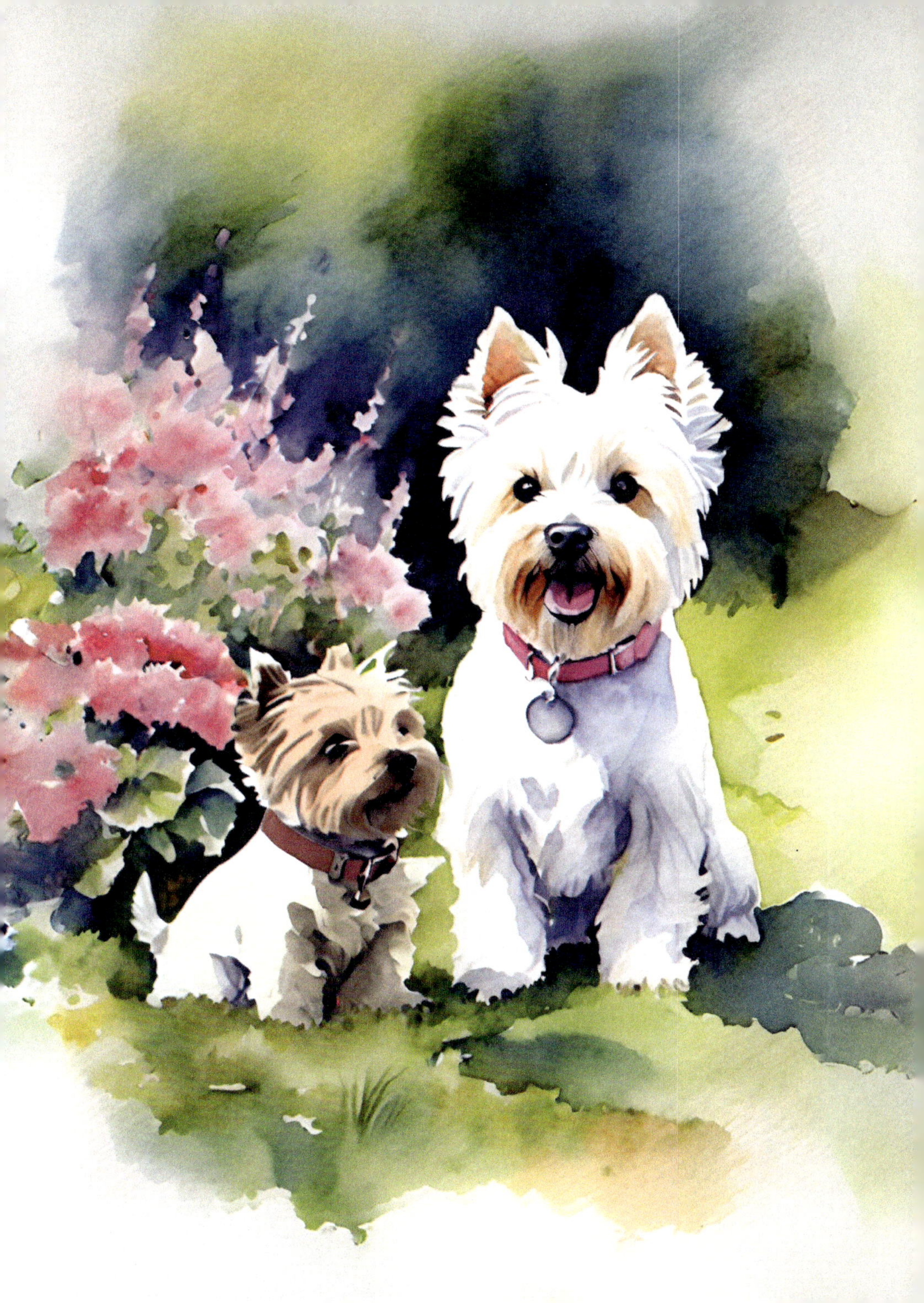

w walizce, a gdy wreszcie ujrzała obrożę i smycz, jej ogon zaczął machać na wszystkie strony niczym szalony wiatrak na porywistym wietrze. "To musi być jakaś supertajna misja!" – pomyślała suczka, z błyskiem w oku. Zanim się obejrzała, siedziała już w samochodzie i pędziła w stronę domu babci. W powietrzu wisiała aura ekscytacji. Wichurka wychylała się przez okno, wystawiając pyszczek na wiatr, niczym detektyw tropiący ślady.

Na miejscu czekała na nich babcia - uśmiechnięta od ucha do ucha, pachnąca ciastem i pysznościami. Wichurka rzuciła się w jej ramiona z impetem tajfunu, merdając ogonkiem z takim zapałem, że najpewniej następnego dnia miała w nim zakwasy.

- Babcia! Babcia! Co tu się dzieje?! - szczekała uradowana, z nutą detektywistycznej ciekawości w głosie. Babcia uścisnęła ją mocno, a potem wyciągnęła z torby... skarb! W papierowej torebce znajdowały się ulubione ciasteczka Wichurki!

- Masz ochotę na małe co nieco, detektywie? - spytała babcia z nutką figlarności w głosie. Wichurka podskoczyła z radości, popiskując niczym syrena alarmowa. Wtem na scenie pojawiła się ciocia Gapcia, mała, srebrno-beżowa yorczyca, znana z zamiłowania do psich figli i dobrego jedzonka. Jeżeli ktokolwiek w promieniu pół kilometra otwierał świeżutką paczuszkę suszonej wołowiny albo wyjmował z lodówki pęto kiełbasy, mógł być pewien, że ten uroczy łakomczuszek za chwilę się tam zjawi! Gapcia mieszkała z babcią i dziadkiem i była ciocią Wichurki, chociaż była taka malutka, że wyglądała przy swojej białej siostrzenicy jak szczeniaczek.

Wichurka i Gapcia to nie tylko psie kuzynki, ale także nieodłączne towarzyszki przygód. Wichurka, pełna energii i ciekawości, oraz Gapcia, sprytna jak lisek, tworzyły duet niczym z komedii. Razem biegały po podwórku, kopały dołki pod sadzonki babci i wesoło ścigały się z każdym pieskiem, który mignął w ich polu widzenia.

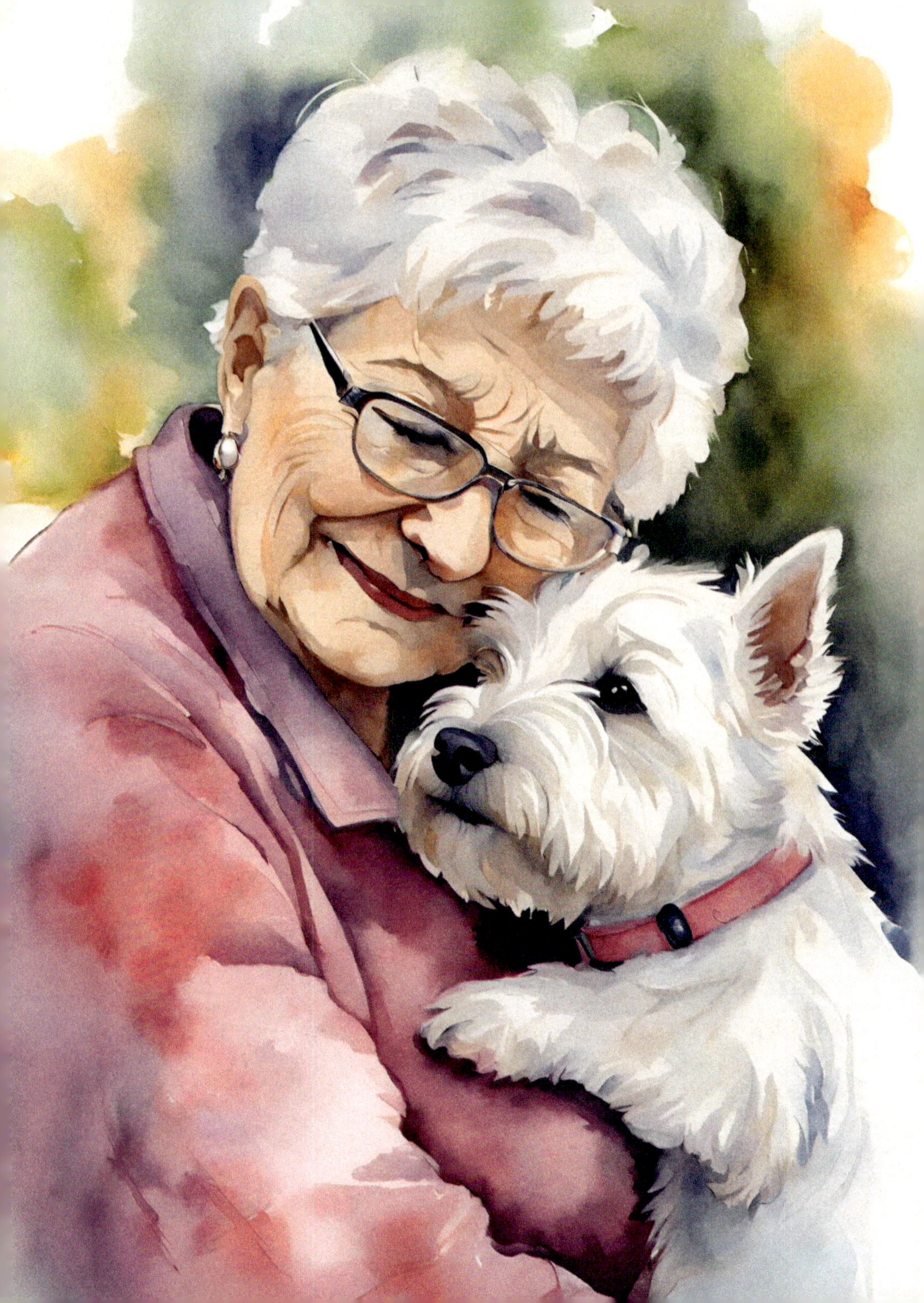

Po powitaniu babci, obie suczki podążyły za nią do kuchni, gdzie czekała już na nie prawdziwa uczta dla psich podniebień. Babcia z uśmiechem, który świadczył o jej przywiązaniu do obu czworonogów, zaczęła wyciągać jedzenie. Wichurka patrzyła na to z podekscytowaniem, a Gapcia obok niej, tuptała po kuchni z ekscytacji.

Babcia rozłożyła przed nimi miseczki pełne specjalnie przygotowanych smakołyków. Były to pyszne ciasteczka, mięsne przysmaki i kawałki soczystej marchewki. Wichurka i Gapcia zaczęły oblizywać się z niecierpliwości, gotowe do rozpoczęcia tego kulinarnego festiwalu.

"Babcia zawsze wie co dobre!" pomyślała Wichurka, obgryzając delikatnie jedno z ciasteczek. Gapcia, niezwykle zdolna w dziedzinie jedzenia, już połknęła swoją porcję i zaczęła dreptać wokół stołu, w nadziei na kolejne przysmaki.

Resztę dnia pieski spędziły biegając po podwórku, a wieczorem, z pełnymi brzuchami, zasypiały obok siebie wtulone w babcię.

„Jakie to szczęście mieć taką cudowną bunię i być tak mocno kochanym" – myślała Wichurka. To był dzień pełen radości, pyszności i niezapomnianych chwil spędzonych z ukochaną babcią i wierną przyjaciółką, Gapcią.

Wyprawa na Szczyt Przytulności

Wichurka najbardziej na świecie kochała swoją panią i wizyty u babci, ale nie zapominała też o przedniej zabawie, zajadaniu pysznych smaczków i szukaniu nowych, wygodnych miejsc na drzemkę.

Pewnego deszczowego popołudnia, gdy nuda wisiała w powietrzu gęstsza od mgły za oknem, Wichurka postanowiła, że nadszedł czas na wielką przygodę. Niestety dzień był deszczowy i nie sprzyjał pieszym wędrówkom. „Kałuże po brzuch" – pomyślała - „i wiatr tak silny, że mógłby mnie porwać". Jej łapki skakały już jednak z podniecenia

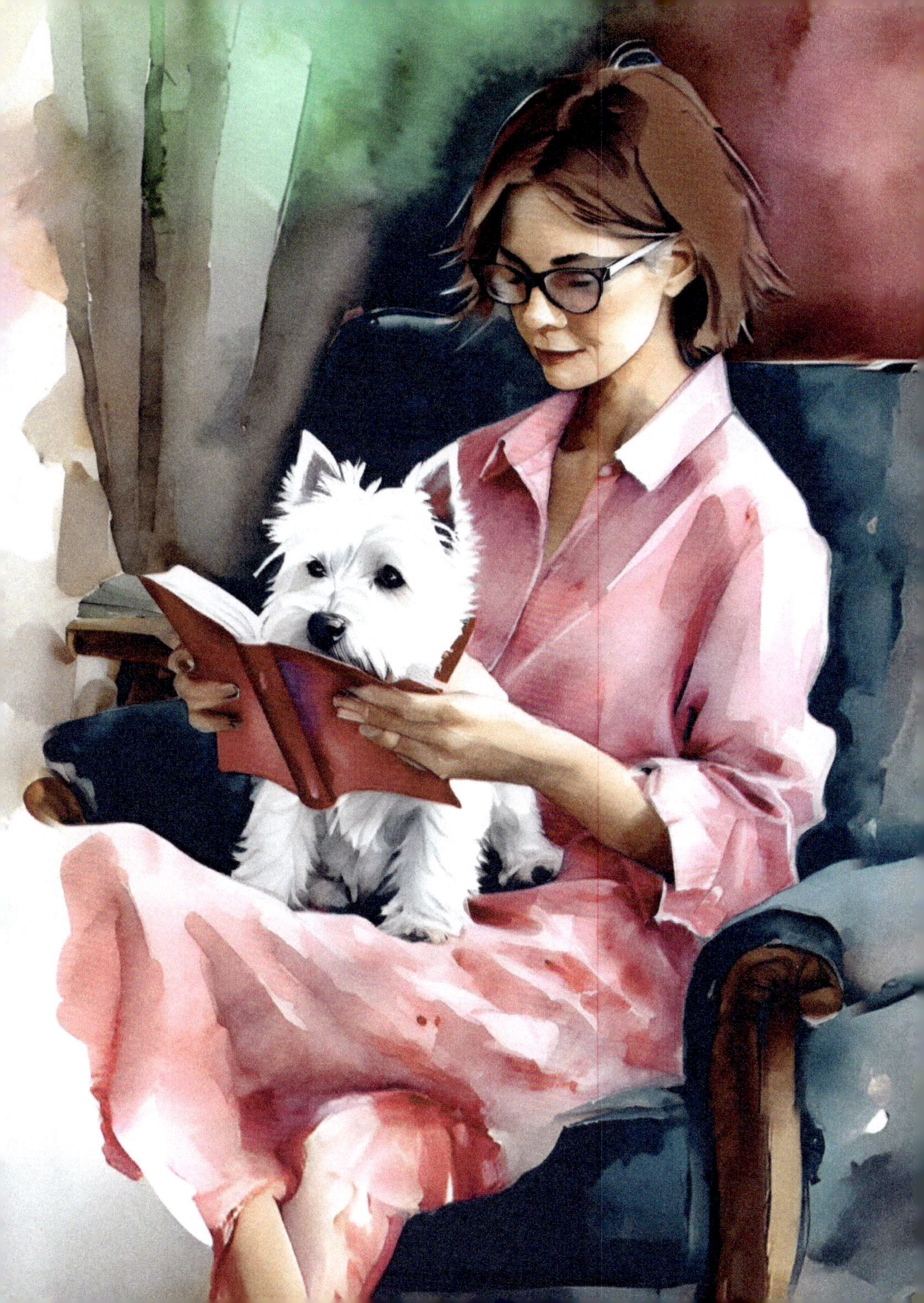

w oczekiwaniu na nowe psoty, a to oznaczało tylko jedno: nowa przygoda jest tuż za rogiem i brzydka pogoda nie zdoła jej powstrzymać!

"No dobra, gdzie ta Przygoda się schowała?" - zaburczała Wichurka. „Jeżeli ma to być Wielka Przygoda" – a musicie wiedzieć, że takie nasz piesek lubił najbardziej - „to musi być wspaniała, a więc na pewno nie chowa się w tak paskudnym miejscu jak wanna" - uznała po chwili zastanowienia i postanowiła, że najlepiej zrobi, jeżeli dla pewności w ogóle nie będzie zaglądała do łazienki, natomiast od razu zacznie szukać Przygody w swoich ulubionych miejscach w domu. Wichurka najbardziej na świecie lubiła spać na kolanach swojej pani, więc postanowiła na początek powęszyć właśnie tam.

Pani siedziała w wygodnym, dużym fotelu, na którym Wichurka również lubiła przesiadywać – można było z niego spoglądać przez okno i sprawdzać, czy ta zabawna, czarna kotka sąsiada nie przyszła w odwiedziny, albo zwinąć się w kłębuszek i podrzemać na mięciutkiej poduszeczce. Pani jednak ani nie spała, ani nie wpatrywała się w okno – przy takim deszczu zresztą i tak niewiele było widać, a kotka na pewno wygrzewała się w domu. Zamiast tego pani czytała książkę, ale kiedy zobaczyła, że suczka stoi na dwóch łapkach i noskiem prosi o zrobienie miejsca na kolanach, podniosła pieska i posadziła obok siebie. Aha, Przygoda schowała się w książce pani! Wichurka z zapałem zaczęła obwąchiwać książkę, szturchać ją nosem, a nawet drapać łapką, żeby upewnić się, że nic nie skryło się między stronami. Bezskutecznie! Najwidoczniej dzisiaj Przygoda schowała się gdzie indziej...

W sypialni na łóżku leżało kilka puchatych poduszek. „Może jak się na nie wespnę, to z góry zobaczę, gdzie ukryła się moja Przygoda?" - analizowała sunia. Wichurka wskoczyła na mebel i usadowiła się na stercie jaśków, jednak nadal niczego nie dostrzegła. „Może siedzę za nisko?" - myślała. Zaczęła więc zbierać swoje kocyki i układać je w wysoką, kolorową górę. Z każdym starannie umieszczonym kocem, ekscytacja

Wichurki rosła. Kiedy zniosła już wszystkie koce i stwierdziła, że ze szczytu nadal nic nie dostrzega, zaczęła przynosić również poduszki. Z każdą minutą góra rosła coraz wyższa i przytulniejsza, a Wichurka szczekała z radości, nie mogąc się doczekać, kiedy wreszcie znajdzie swoją Wspaniałą Przygodę. Kiedy pani usłyszała te radosne piski i zorientowała się w planach Wichurki, nie mogła powstrzymać się od śmiechu.

- Wiesz, kochanie, z tobą nie można się nudzić - powiedziała pani i wciąż chichocząc, zaczęła wyciągać dodatkowe koce i poduszki z szafy i podawać je pieskowi.

Gdy przytulna góra osiągnęła wreszcie swój szczyt, Wichurka postanowiła go zdobyć. Jednym skokiem znalazła się na wierzchołku, szczekając tryumfalnie. Suczka, usadowiona na swoim przytulnym wzgórzu, odkryła, że widok ze szczytu jest nadzwyczajny. Widziała stąd przez okno cały ogród, skąpany w ciepłym blasku zachodzącego słońca, a jak się dobrze wychyliła, to przez otwarte

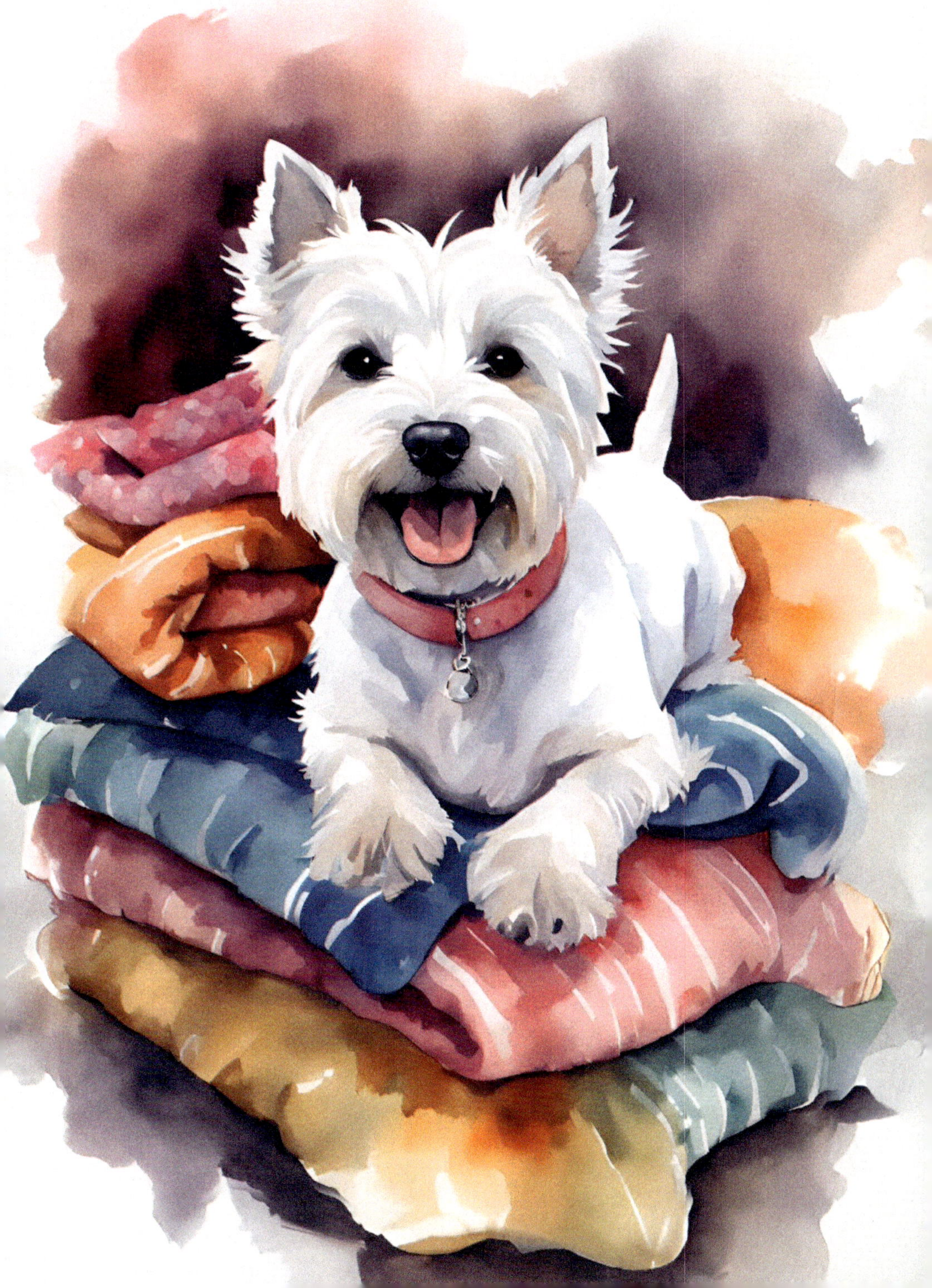

drzwi można było dostrzec czy na blacie w kuchni nie ostał się jakiś kotlecik z obiadu.

- Wiesz, Wichurciu, nigdy nie widziałam swojej sypialni z tak wysokiej góry – powiedziała nagle pani, która usadowiła się obok pieska na poduszkach – każdy dzień z tobą to nowa przygoda.

I tak Wichurka odkryła, że Najwspanialsza Przygoda nie zawsze musi kryć się w odległych miejscach czy tajemniczych zakamarkach świata. Czasem wystarczy spojrzeć na codzienne rzeczy z nowej perspektywy, a zwykły pokój może stać się magicznym miejscem, pełnym uśmiechu i radości.

„Tak, to prawda! Najwspanialsze przygody dzieją się, gdy jesteśmy razem, nawet w zwykłym pokoju, na szczycie kocowej góry. Największa Przygoda to przecież móc kogoś kochać" – pomyślała Wichurka i zasnęła, otulona kocami i wtulona w swoją panią, zadowolona, że wreszcie znalazła to, czego tak długo szukała.

Spis treści

1. Kolorowy wir 8
2. Senne marzenie 14
3. Tango na cztery łapy 22
4. Wizyta w błotnym spa 28
5. Wichurka w kąpieli 34
6. Nosek 40
7. Koniec wakacji 46
8. Poszukiwania zaginionej piłeczki 54
9. Babcia 58
10. Wyprawa na Szczyt Przytulności 66

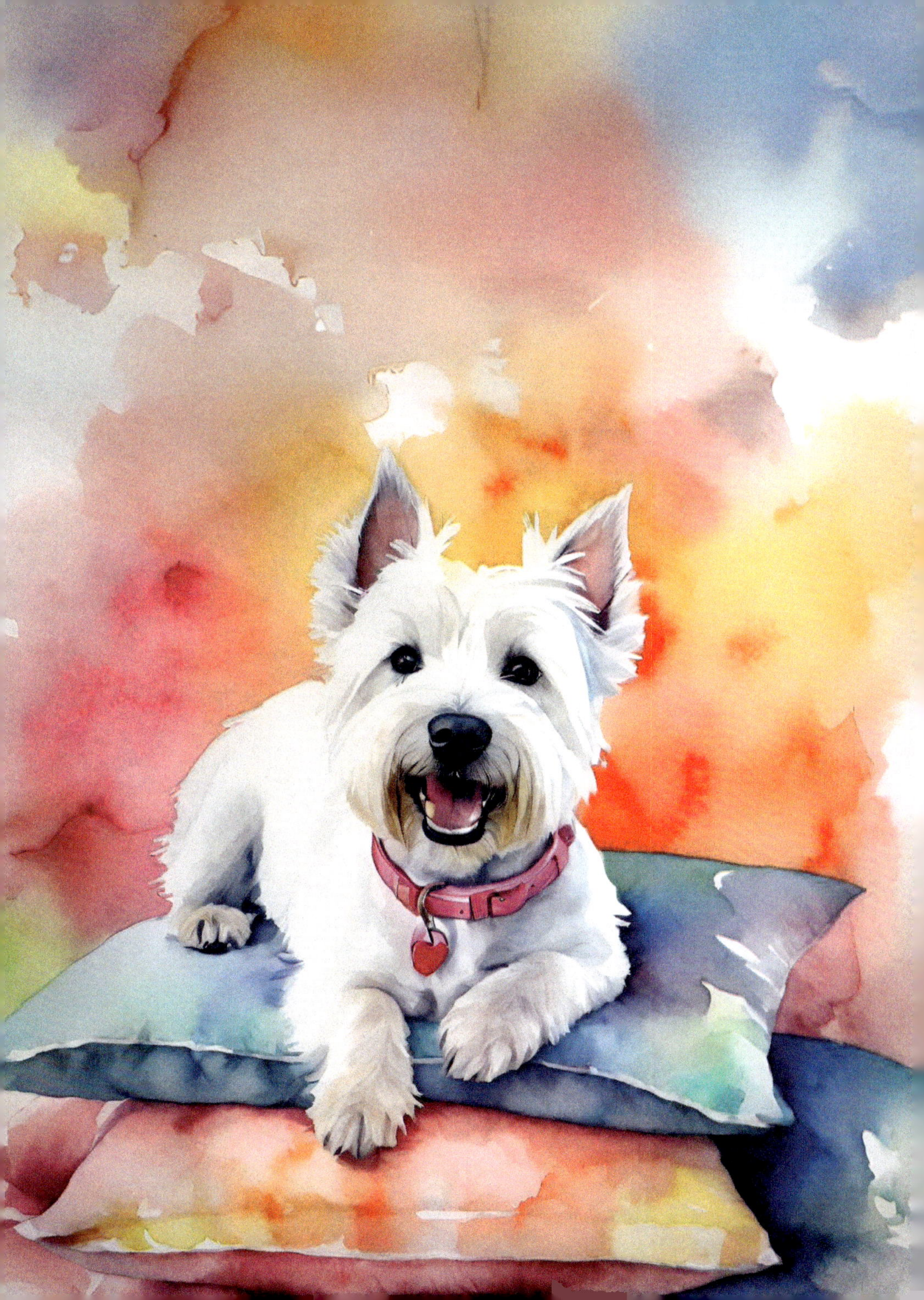

Printed in Great Britain
by Amazon